AF229256

CONSEILS

AUX

ÉLECTEURS

PAR

UN ANCIEN REPRÉSENTANT

I. Les prochaines Elections. — II. L'abstention. — III. Les candidatures officielles. — IV. Les candidatures honteuses. — V. Les candidatures multiples. — VI. Les faveurs du budget. — VII. Les fonctionnaires de la commune. — VIII. Electeurs, ne craignez rien. — IX. Résumé et conclusion.

Prix : **25** centimes.

PARIS

A. SAUTON, LIBRAIRE-ÉDITEUR

8, rue des Saints-Pères, au premier.

Avril 1869

TABLE.

CONSEILS

AUX

ÉLECTEURS

I.

LES PROCHAINES ÉLECTIONS.

Les élections générales seront la grande affaire de cette année. Il n'est pas nécessaire d'entrer dans de longs développements pour expliquer ce dont il s'agit : chacun comprend l'importance de l'acte auquel, dans quelques semaines, nous serons tous appelés à concourir.

Aux termes de la Constitution, les députés sont nommés pour six ans. L'Empereur a, il est vrai, le droit de dissoudre la Chambre ; mais, dans le discours qu'il a prononcé à l'ouverture de la dernière session, l'Empereur a pu, avec raison, rappeler qu'il n'a jamais usé de ce droit, et que chacune des dernières Chambres, celle-ci comprise, aura vécu tout le temps légal que la Constitution lui assigne.

Il est donc probable que les députés que nous allons bientôt nommer, seront, comme leurs prédécesseurs, élus pour six ans.

Or, six ans est un long bail dans la vie d'un peuple, et particulièrement dans les circonstances graves où nous sommes. C'est bien le moins qu'avant de renouveler ce bail, nous y réfléchissions à deux fois.

Nul ne sait ce qui se passera dans l'intervalle de ces six années, et devant quelles complications intérieures ou extérieures la France peut se trouver entre 1869 et 1875.

En revanche, nous savons tous par quelles difficultés la France a passé de 1863 à 1869 ; et nous pouvons nous demander si, dans ce laps de temps, nos députés ont pleinement répondu à la confiance que, sur la recommandation de MM. les Préfets, nous avions mise en eux.

Si ce qui s'est passé, avec l'approbation du Corps législatif actuel, au Mexique, en Prusse, en Italie, obtient notre assentiment ; si nous croyons, en outre, qu'à l'intérieur nos députés ont bien conduit nos affaires ; si notre agriculture est prospère ; si l'état de notre industrie l'est aussi ; si un budget de *deux milliards deux cents millions* nous paraît être le budget normal de la France ; si la nouvelle loi d'organisation militaire, dont nous n'avons pas encore senti tout le poids, nous satisfait ; si les démolitions de Paris nous enchantent ; si nous trouvons que nous avons tous, dans les affaires publiques et notamment dans celles de notre commune, la part de responsabilité et d'influence qui appartient aux citoyens d'un pays libre ; si, en un mot, nous sommes contents de la politique et des finances que nos députés nous ont faites,—dans ce cas, il n'y a pas à hésiter : notre devoir est de les réélire.

Si, au contraire, nous pensons qu'au Mexique, en Prusse, en Italie, on a mal mené nos affaires ; si le budget nous paraît trop gros ; si la loi militaire nous semble lourde ; si l'agriculture et l'industrie nous font l'effet d'être moins prospères qu'on ne le dit ; si nous voulons que Paris nous coûte moins cher et cesse d'absorber les bras de la France ; si nous sommes d'avis que trop souvent l'administration se mêle de choses qui ne la regardent pas et vexe des citoyens qu'elle devrait protéger ; si, en outre, nous pensons que, par la complaisance qu'ils ont mise à tout voter, à tout approuver, à tout glorifier, nos députés ont assumé une large part de responsabilité dans la situation qui nous est faite, — dans ce cas encore, notre rôle est tout tracé. Il consiste à retirer à ceux de nos députés dont nous sommes mécontents, le mandat que, sur la recommandation de notre préfet, nous avons eu l'imprudence de leur donner.

Mais il ne suffit pas, pour nous préparer aux prochaines élections générales, de faire l'examen de conscience de nos députés ; il faut, en même temps, faire le nôtre. Et, tout en tenant compte des pressions abusives auxquelles l'administration a eu recours pour faire élire la Chambre actuelle, il faut nous demander si nous n'avons pas été les premiers instruments et les premiers complices du mal dont aujourd'hui nous nous plaignons.

Pourquoi, de la part des préfets, tant d'ardeur à nous imposer leurs choix ? Mais pourquoi d'abord, de notre part, tant de complaisance à les subir ?

Pourquoi n'avoir pas commencé par nous assurer nous-mêmes si l'homme auquel, comme député, il s'agissait de confier notre mandat, avait toutes les qualités requises pour le bien remplir ? Si l'esprit de conservation fait partie de ces qualités, est-ce que l'indépendance du caractère et celle des votes n'est pas nécessaire aussi ?

Et l'indépendance des votes est-elle compatible avec les candidatures officielles, telles qu'on les pratique chez nous depuis dix-huit ans ?

Avons-nous, comme c'était notre droit et notre devoir, pris part au scrutin toutes les fois qu'il s'est ouvert ? Si nous nous sommes abstenus, pourquoi nous plaindre à présent ? Et, si nous avons voté, l'avons-nous toujours fait en citoyens probes et libres, également inaccessibles aux séductions et aux menaces ?

Enfin, si nous avons souffert des pressions administratives et des choix qui en ont résulté, n'y a-t-il pas des mesures à prendre pour obliger, sans secousse ni révolution, l'administration à rentrer chez elle ; à renoncer aux pratiques électorales qui nous ont donné la Chambre que nous avons, laquelle Chambre a, autant qu'il était en elle, contribué à faire le mal dont nous nous plaignons ?

Toutes ces questions, et d'autres encore, méritent d'être traitées : elles feront le sujet de ce court écrit.

II.

L'ABSTENTION.

Une chose triste et digne de remarque, c'est que, depuis l'établissement en France du suffrage universel, il ne se fait guère d'élections où ne manque le quart, le tiers, quelquefois près de la moitié des électeurs inscrits.

Si cette masse d'abstentions n'accuse pas notre patriotisme, elle trahit notre défaut d'intelligence, car elle prouve, ou que ceux qui s'abstiennent ainsi d'une manière permanente se désintéressent systématiquement des affaires de leur pays, ou qu'ils ne comprennent pas de quel intérêt il est pour eux de s'en occuper.

Que dirait-on d'un homme qui, lorsque la maison de son voisin brûle, resterait tranquillement chez lui et se dispenserait de porter de l'eau, sous prétexte que cela ne le regarde pas ?

Ici, c'est de notre propre maison qu'il s'agit.

Quand le feu prend quelque part, l'usage est que tout le monde y court, et cependant tout le monde n'est pas pompier. Mais tout le monde est citoyen, et chaque citoyen doit payer de sa personne lorsque l'intérêt public est en jeu.

La plupart du temps c'est par négligence, par indifférence, par amour de sa tranquillité et de son repos, qu'on se dispense d'aller voter. Quelquefois seulement, c'est par scrupule, et sous prétexte que, parmi les candidats qui se présentent, il n'en est aucun en faveur duquel notre conscience nous permette de nous prononcer.

Dans le premier cas, c'est-à-dire si nous nous abstenons par paresse, nous sommes toujours coupables.

Dans le second, il arrive neuf fois sur dix que nous sommes mal avisés.

Notre conscience, en effet, ne nou dit pas du tout

qu'il ne faille voter que pour un candidat qui représenterait absolument notre manière de voir. Au contraire, elle nous dit que, lorsque nous ne pouvons avoir le parfait, il faut nous contenter du passable, c'est-à-dire appuyer le candidat qui représente *le mieux* nos opinions, et contribuer de la sorte, autant qu'il dépend de nous, à écarter celui qui les représente *le moins*.

Quand deux candidats sont en présence, — à plus forte raison quand il y en a trois ou quatre, — il est fort rare que l'un d'entre eux ne nous paraisse pas, fût-il imparfait, devoir faire un meilleur député que l'autre ou que les autres.

Dès lors notre devoir est d'aller voter pour celui-là.

Mais voter ne suffit pas. Il faut, en outre, travailler d'avance pour lui, et, par tous les moyens légitimes, contribuer à son succès.

C'est là malheureusement ce dont presque personne ne s'occupe.

L'usage s'est introduit, — usage déplorable, — de laisser faire au candidat *tout seul*, non-seulement toutes les dépenses, mais toutes les démarches nécessaires pour assurer son élection : comme si, en se présentant, il faisait seulement ses affaires à lui ; comme s'il ne faisait pas d'abord les nôtres.

Il y a deux sortes de candidats : ceux qui, en voulant être députés, n'aspirent qu'à faire leurs propres affaires ; ceux aussi qui aspirent à faire celles du pays.

Les premiers sont ce que, dans le langage ordinaire, on appelle des intrigants.

Les seconds sont de bons citoyens.

Sachons distinguer les uns des autres : la chose est plus facile qu'on croit.

Quand un intrigant se présente à nous, laissons-le se débrouiller à lui tout seul, et s'il échoue, ne faisons qu'en rire.

Mais, lorsque, par dévouement au bien public, un honnête homme consent, par le temps qui court, à affronter les ennuis de toutes sortes qu'entraînent à leur suite les luttes électorales ; lorsque, sans regarder ni à la dépense, ni à la fatigue, ni aux attaques et aux calomnies auxquelles il va se trouver en butte, ce vaillant homme nous dit que nous pouvons compter sur lui comme il compte sur nous, n'hésitons pas.

Précédons-le dans l'arène électorale où son patriotisme l'invite à descendre ; aidons-le, défendons-le, travaillons énergiquement pour lui, et, par notre concours unanime, prouvons-lui notre reconnaissance de la peine qu'il se donne pour nous.

Surtout, couvrons-le de notre personne, lorsqu'au jour des grandes colères, d'injustes et odieuses attaques seront dirigées contre lui, et, devant l'urne électorale, faisons à la fois à notre candidat un rempart de notre corps et un piédestal de nos voix.

Encore une fois, si cet homme n'est pas un intrigant, — et c'est à nous qu'il appartient de le bien choisir, — ce n'est pas pour lui qu'il travaille, c'est pour nous.

En nous servant, il fait son devoir ; en l'appuyant, faisons le nôtre, et, du même coup, servons nos intérêts.

III.

LES CANDIDATURES OFFICIELLES.

Nous avons dit, dans un précédent chapitre, que les électeurs qui croient, non sans raison, avoir à se plaindre de leurs députés actuels, doivent commencer par examiner leur propre conscience et par rechercher s'ils n'ont pas d'abord à se plaindre d'eux-mêmes.

Les députés, en effet, ne se font pas tout seuls : ce sont les électeurs qui les font.

Ce sont du moins les électeurs qui devraient les faire. Tant pis pour eux si, ayant de mauvais députés, ils les ont laissé faire par leur préfet ; s'ils ont eux-mêmes aidé l'administration à leur imposer des choix qui actuellement leur déplaisent.

Ce ne sont pas les avertissements qui ont manqué aux électeurs, lorsqu'en présence du scrutin alors ouvert, il s'est agi pour eux de se prononcer entre le candidat officiel et le candidat indépendant.

On leur a dit sans cesse : « Prenez garde ; le rôle
» d'un bon député ne consiste pas plus à accepter
» toujours qu'à rejeter systématiquement ce que le
» gouvernement propose. Son devoir est d'accueillir
» ce qui lui paraît bon, de repousser ce qui lui semble
» mauvais, c'est-à-dire de *contrôler* les propositions
» et les actes du gouvernement. Or, depuis quand
» a-t-on vu le *contrôlé* indiquer lui-même l'homme
» qu'il lui convient d'avoir pour *contrôleur ?* Rien
» que cela doit vous rendre le candidat officiel sus-

» pect : si vous faites bien, vous en élirez un
» autre. »

Malgré ces avertissements, et à de rares exceptions
près, les électeurs ont trouvé bon de nommer partout
les candidats désignés par l'administration.

Qu'est-il résulté de là ? — La chose la plus natu-
relle du monde, la chose qu'on avait prévue et pré-
dite, la chose qui ne pouvait pas ne pas arriver.

Il est arrivé que, tout honnêtes que puissent être
les candidats ainsi nommés (il y a assurément de
fort honnêtes gens dans le nombre), la plupart
d'entre eux ont perdu, sans même qu'ils s'en doutent,
la dose d'indépendance nécessaire pour faire un bon
député.

Et c'est tout simple.

Naturellement, le gouvernement trouve bon tout
ce qu'il propose ; et les préfets, de leur côté, trouvent
bon tout ce que le gouvernement propose. Surtout, ils trouvent mauvais lorsqu'il arrive qu'un
député *nommé par leurs soins* ne vote pas absolument comme le gouvernement souhaite et entend
qu'il vote.

Et comme le député sait que c'est son préfet qui l'a
fait élire ; comme il craint surtout de n'être pas réélu
s'il se brouille avec son préfet, il lui arrive plus souvent qu'il ne faudrait, de voter comme son préfet dé-
sire qu'il le fasse.

Voilà en deux mots toute l'histoire des candidatures officielles ; voilà ce qui fait que nous avons une
Chambre qui vote tout ce qu'on lui propose, même
le Mexique, même la loi militaire, même les impôts
qui en résultent,—même les choses qui ne nous con-
viennent pas du tout.

Nous nous plaignons de nos députés, et en cela nous avons bien raison. Mais commençons par nous plaindre de nous-mêmes, puisque c'est nous qui les avons nommés, et cela en dépit de tous les conseils et de tous les avertissements que nous avons reçus.

Maintenant, quel est le remède ?

Le remède est aussi simple que le mal est évident. Il consiste à faire le contraire de ce que nous avons fait jusqu'à présent, c'est-à-dire d'écarter partout les candidats officiels et d'en choisir d'autres.

Pas n'est besoin, pour combattre le candidat officiel, d'aller chercher un homme qui veuille renverser l'Empire. Seulement, tous les préfets vous disent et vous diront que quiconque n'est pas avec eux est contre l'Empire.

Rien n'est plus faux ; et le tort des électeurs est de se laisser mener par l'administration quand c'est à eux qu'il appartiendrait de mener l'administration, c'est-à-dire de l'obliger à compter avec eux et avec les députés élus par eux.

Ce sont les électeurs, encore une fois, qui ont fait la Chambre que nous avons et dont il leur arrive maintenant de se plaindre.

Mais il dépend d'eux d'en avoir une autre, et nous venons de leur en donner les moyens.

Que les électeurs nomment partout des députés amis de l'ordre, mais indépendants et, comme tels, peu sympathiques à leur préfet ; et nous leur garantissons qu'on ne recommencera plus ni bataille de Sadowa, ni expédition du Mexique, ni bien d'autres choses dont nous n'avons pas lieu d'être fiers et dont le détail serait trop long.

IV.

LES CANDIDATURES HONTEUSES.

J'appelle *candidats honteux* ceux qui auront su se ménager par dessous main les bonnes grâces de l'administration, en ayant soin de cacher qu'ils ont obtenu son appui.

Il faut s'attendre à ce qu'il y aura bon nombre de candidats comme cela cette année.

Pourquoi ?

Par une raison bien simple. La voici :

Tant que les candidatures officielles ont été à la mode, c'était à qui en obtiendrait le bénéfice. Tant qu'il a suffi, pour être élu, d'être recommandé par son préfet comme « candidat de l'Empereur, » tout le monde a voulu être le candidat de l'Empereur et de ses préfets.

C'était le bon moyen pour être élu.

Mais le suffrage universel commence à faire son éducation. Il comprend que c'est à lui qu'il appartient de choisir ses députés ; et, sans vouloir envoyer au Corps législatif des ennemis de l'Empereur, il ne veut plus s'en rapporter aux préfets pour dicter ses choix.

Tout abus dans un sens amène tôt ou tard, et forcément, une réaction dans l'autre sens. On a tellement abusé des candidatures officielles en les imposant, que le suffrage universel est à la veille de se câbrer contre ce régime aux abois, dont il a été la dupe et la victime. On peut donc prévoir que si, dans certains départements, la candidature officielle est encore recherchée cette année, il y en a d'autres où les candidats agréables iront eux-mêmes, en gens avisés, supplier leur préfet de ne les agréer qu'en cachette, de ne les soutenir que d'une façon occulte, de ne pas trop les embrasser devant le public.

Autrement, ils craindraient de perdre tout crédit près du corps électoral, qui se réveille, et qui veut désormais faire ses affaires lui-même, comme c'est son intérêt et son droit.

L'appui de l'administration, pour être déguisé en certains lieux, n'en sera pas moins réel, on peut s'y attendre ; et c'est contre le danger de la dissimulation, autant que contre celui de la violence, qu'il faut, cette année, prémunir les électeurs.

Quand donc un candidat se présentera à eux en faisant parade de son libéralisme (attendons-nous à ce que la liberté, dont les candidats ne parlaient guère il y a six ans et surtout douze ans, sera partout à la mode cette année), les électeurs auront à examiner s'il n'y a pas là-dessous un jeu joué.

Mais l'examen ne sera difficile à faire que si le candidat qui se présente sous le masque de l'indépendance est un homme nouveau, sans antécédents dans la vie politique.

Si, au contraire, comme cela arrivera neuf fois sur dix, le candidat en question n'est autre que le député d'aujourd'hui ; s'il sort des entrailles de la majorité actuelle ; s'il a voté sans réclamations et sans amendements la plupart des lois que nous désapprouvons ; s'il a, notamment, suivi le gouvernement au Mexique et s'il n'en est revenu qu'avec lui ; s'il a trouvé bon qu'on dépensât des milliards à démolir Paris ; s'il a surtout continué à ratifier ces folles dépenses, même depuis le jour où, à bout d'argent et d'arguments, M. Rouher en a été réduit à avouer, en plein Corps législatif, les irrégularités commises par M. Haussmann et par son complice le Crédit foncier : — dans ce cas-là, les électeurs sauront bien vite à quoi s'en tenir sur le compte de l'homme qui sollicitera de nouveau leurs suffrages.

Ils riront de la prétendue indépendance dont on se targuera devant eux ; et, au candidat qui leur demandera leurs voix en échange de son libéralisme de fraîche date, ils diront tout simplement, en branlant la tête, que ses votes passés donnent la mesure de ses votes à venir, et les édifient mieux qu'une promesse en l'air sur ce qu'ils peuvent attendre de lui.

Electeurs ! vous avez connu la période de violence, et vous avez eu trop souvent le tort de vous laisser influencer par la crainte. Ne croyez pas que cette période soit partout finie. Non. Plusieurs d'entre vous auront encore à lutter contre des fonctionnaires *à poigne*, comme les a si bien nommés un député qui les a vus à l'œuvre et qui les connait.

Mais comptez qu'en plus d'un lieu, la violence fera, cette année, place à la ruse, à l'astuce, aux sournoiseries de toutes sortes.

Ne vous y laissez pas prendre, et cherchez, pour lui donner vos suffrages, non pas l'homme qui vous promettra ou au nom duquel on vous promettra le plus, mais celui dont le caractère et les antécédents vous inspirent justement confiance.

On n'osera plus peut-être, cette année, vous donner partout du vinaigre, sachant bien que vous le jetteriez à la face de ceux qui vous le verseraient ; méfiez-vous du miel, et avant d'y goûter, voyez s'il est de bon aloi.

V.

LES CANDIDATURES MULTIPLES.

Il arrive tous les jours qu'on se demande lequel des deux vaut le mieux, pour écarter le candidat officiel, de lui opposer plusieurs candidats indépendants, ou de ne lui en opposer qu'un seul.

A la question ainsi formulée d'une manière générale et absolue, il est impossible de répondre.

Nous croyons que, d'ordinaire, mieux vaut plusieurs candidats qu'un seul ; mais il est clair que cette règle comporte des exceptions.

Il peut, en effet, se faire que, grâce à la valeur personnelle d'un homme, à la largeur de ses opinions, à la popularité d'un nom connu et respecté dans l'ensemble d'une circonscription électorale,—grâce à une foule de circonstances qui rarement seront réunies, — tous les citoyens indépendants de cette circonscription, quelle que soit d'ailleurs leur nuance, s'accordent à voter pour lui. Dans ce cas, il n'y a pas à hésiter. Si, comme cela résulte de la considération générale dont il jouit, ce candidat est honnête homme ; s'il a d'ailleurs, comme c'est probable, et l'intelligence et l'indépendance nécessaires pour faire un bon député ; si, avec cela, il donne au maintien de l'ordre non moins qu'aux libertés politiques, civiles et religieuses des citoyens, les garanties désirables ; si, en outre, il y a des chances sérieuses pour battre, avec lui, le député officiel, — à quoi bon chercher d'autres candidats indépendants? Et pourquoi nous exposer à éparpiller nos voix sur plusieurs, quand il s'en trouve un qui, *à lui seul*, peut les réunir *toutes?*

Mais, encore une fois, ce cas sera rare; il ne se présentera qu'exceptionnellement, et en voici la principale raison.

Autrefois, il était de règle que chacun de nos arrondissements sous-préfectoraux élisait un député. Il n'en est plus de même aujourd'hui. Tels et tels de nos départements, qui ont quatre ou cinq sous-préfectures, n'élisent plus que deux ou trois députés.

L'administration est partie de là pour tracer partout des circonscriptions électorales à sa guise. Ici, elle a coupé une grande ville en deux; là, elle a accolé à tels cantons d'un arrondissement tels et tels cantons d'un autre, qui se trouvent quelquefois distants des premiers de quinze ou vingt lieues. Elle a tout déchiqueté, tout tronçonné, tout amalgamé suivant son caprice; disons mieux, suivant l'intérêt des candidatures qu'elle voulait imposer au pays, et qui ne pouvaient réussir qu'en amoindrissant certaines personnalités bien connues dans leur voisinage; qu'en faisant table rase de toutes les influences anciennes, même les plus désintéressées, même les plus légitimement acquises.

En arrangeant ainsi les choses, en traçant des circonscriptions électorales ou ridicules ou monstrueuses, dont quelques-unes ont vingt lieues de long, l'administration a bien su ce qu'elle faisait. Elle a, elle, des agents partout; et lorsque le mot d'ordre est donné de soutenir tel candidat, toute l'armée des fonctionnaires, depuis le sous-préfet jusqu'au garde-champêtre, est immédiatement convoquée et mise en campagne pour lui partout à la fois. C'est ainsi du moins que les choses se sont passées jusqu'à présent.

Il n'en est pas de même pour les candidats indépendants. L'influence personnelle de ceux-ci est généralement locale : et, question d'opinions mise à part, les localités ont leurs exigences, souvent étroites et inintelligentes, souvent fâcheuses, mais réelles.

Dès lors, si l'on veut réussir, il convient de donner à l'esprit local, non moins qu'aux diverses fractions de l'opinion indépendante, toutes les satisfactions légitimes, qu'il est en notre pouvoir de leur procurer. Cela ne peut ordinairement se faire qu'avec des candidatures multiples, prises sur différents points de la circonscription, ayant toutes leur raison d'être, leur force propre, et pouvant partout, au premier tour de scrutin, drainer des voix qui, au second tour, se verseront naturellement au drain collecteur, c'est-à-dire au candidat qui aura obtenu la majorité relative, et en faveur duquel le suffrage universel, notre maître à tous, aura manifesté ses préférences.

Voilà pourquoi nous croyons qu'en général, et sauf exception, le système des candidatures multiples doit être préféré à la candidature unique. Il doit l'être partout où un homme ne se trouve pas indiqué comme pouvant, à lui seul, lutter avec avantage contre les pressions administratives.

Point de coalitions (c'est peu moral et cela ne dure pas), entre des opinions extrêmes, entre celles qu'un abîme sépare. Mais alliance, alliance publique et avouée, alliance intime et permanente, entre tous ceux qui, fussent-ils d'ailleurs divisés sur des questions secondaires, veulent *d'abord et avant tout* le gouvernement du pays par le pays.

VI.

LES FAVEURS DU BUDGET.

Il nous faut mettre les électeurs en garde contre un piége dans lequel, tout grossier qu'il est, on les voit tomber souvent.

Il n'est pas rare, surtout à l'approche des élections, de lire, dans les journaux que l'administration rédige ou inspire, de petits articles ainsi conçus :

« Grâce à la haute protection de notre député, » M. X..., la commune de Z... vient d'obtenir, de la » munificence du gouvernement, un secours pour la » réparation de son église..., ou de son école..., ou » de son presbytère..., ou de ses fontaines..., ou de » ses chemins. »

De telles réclames produisent toujours leur effet.

Et cependant, pour peu qu'on prenne la peine d'y réfléchir, on s'apercevra bien vite qu'en pareil cas, la « haute protection » du député prête à rire, non moins que « la munificence » du gouvernement.

De deux choses l'une, en effet : ou bien la demande de la commune en question était fondée, ou bien elle ne l'était pas. Dans le premier cas, M. le préfet pouvait aussi facilement que M. le député, et à plus juste titre que lui, présenter, appuyer et faire réussir la demande. Dans le second cas, c'est-à-dire si M. le député a abusé de son influence pour faire obtenir, par faveur, à une commune de sa circonscription un secours qui, en bonne justice, aurait dû revenir à un autre, il a fait une mauvaise action.

Quant au gouvernement, et alors même qu'il répand ses bienfaits avec équité et intelligence, il les répand toujours avec notre argent, et on ne saurait lui en vouloir, puisqu'il ne peut pas faire autrement.

Depuis la fin du dernier siècle, la France a changé je ne sais combien de fois de gouvernements ; elle en a eu de monarchiques et de républicains, de libéraux et de despotiques, de constitutionnels et d'arbitraires, de réguliers et de bâtards, de mauvais et de bons. Mais, à chacun de ces gouvernements, il est arrivé ce qui arrive à tous les gouvernements quelconques : c'est que pas un d'entre eux n'a eu à lui un sou vaillant.

L'argent que l'Etat distribue aux départements et aux communes est le nôtre ; et, alors même que cet argent est légitimement perçu, on ne saurait le prendre ailleurs que dans nos poches. La poche du gouvernement est grande, mais elle est vide, et, quand elle se remplit, c'est uniquement de ce que nous y versons, sous forme d'impôts ou d'emprunts. Telle est la loi commune à tous les gouvernements comme à tous les peuples.

Dès lors, il n'y a pas lieu de nous attendrir lorsque, par l'influence de notre député ou autrement, il arrive qu'une commune en détresse obtient du ministère de l'intérieur, ou de celui des travaux publics, une part de secours à la fois bien inférieure à ses besoins et à la somme que cette commune a versée au percepteur pour sa contribution annuelle.

En revanche, il y a de quoi nous indigner lorsque, grâce à l'influence d'un député ou d'un conseiller général en quête de popularité et de reconnaissance, une commune obtient, comme cela se voit quelquefois, dans la répartition du fonds commun, un secours que d'autres méritaient mieux qu'elle.

Ce n'est pas tout.

Alors même que les députés bien votants négligent de faire vanter leurs démarches par les journaux bien pensants, il ne manque pas de fonctionnaires, en tournées de révision ou ailleurs, pour faire entendre, de leur bouche auguste ou par truchement, aux électeurs qu'ils sont bien heureux d'avoir pour député un homme agréable au gouvernement; que, moyennant cela, ils peuvent tout obtenir ; que, sans cela, ils n'obtiendraient rien: ni réparation de clocher, ni pompe à incendie, ni lavoir, ni entretien de maison communale, ni coupe extraordinaire de quart en réserve, ni surtout passage d'un futur chemin de fer dans leurs environs.

Si j'étais gouvernement et qu'il m'arrivât d'apprendre qu'un de mes agents, petit ou grand, ait tenu pareil langage, je le destituerais dans les vingt-quatre heures, et cela pour lui apprendre à me respecter en se respectant.

Peut-on, en effet, imaginer un plus sanglant outrage à faire à un gouvernement que celui auquel l'expose ses propres fonctionnaires lorsque, sous l'habit brodé qui les couvre, les rehausse et leur donne crédit, ceux-ci s'avisent de chercher à intimider une commune ou un citoyen, de leur faire entendre qu'ils se repentiront, qu'ils seront dupes et victimes et qu'il n'y aura plus rien pour eux s'ils envoient au Corps législatif un député désagréable, un député récalcitrant aux expéditions ruineuses, aux grosses armées, aux lourds budgets?

Ce n'est donc plus à la justice, c'est à la faveur et à l'intrigue, que serait remise la distribution des deniers publics ! Pour avoir part à ce mince gâteau, il ne suffira donc plus d'être dans la gêne ; il faudra avoir été complaisant ! Tant de voix données au candidat de l'administration, tant d'écus ou tant de sourires en fin d'année : sinon rien !

En vérité, c'est trop d'impudence. Pour l'honneur du gouvernement, et à sa décharge, citons un exemple qui fait mentir les audacieux qui le discréditent en croyant le servir de la sorte.

Ni M. Garnier-Pagès, ni M. Picard, ni M. Jules Simon, ni M. Pelletan, ni M. Thiers, ni M. Emile Ollivier lui-même, ne passent pour être des députés agréables au gouvernement. Ils sont tous députés de Paris.

Or, y a-t-il en France, nous ne dirons pas une ville, mais une province, pour laquelle, depuis dix-huit ans, le gouvernement ait fait la centième partie de ce qu'il fait annuellement pour Paris ?

Cet exemple nous paraît concluant : il nous dispense d'en citer d'autres.

Ajoutons seulement qu'une commune décidée à ne demander que ce qui est juste et raisonnable n'aura jamais besoin, pour obtenir ce qu'elle sollicite, d'avoir un député courtisan. Tout autre fera, aussi bien, et même mieux, son affaire. Penser le contraire, surtout le dire, c'est insulter le gouvernement.

Electeurs ! s'il vous arrive de rencontrer un jour sur votre chemin un fonctionnaire, haut ou bas placé, qui ose vous menacer de quelque dommage, dans le cas où vous ne voteriez pas pour le candidat officiel, répondez-lui tout simplement :

« Monsieur, vous êtes un insolent ; c'est moi qui
» vous le dis. Et, quant au démenti, c'est le gouver-
» nement lui-même qui se charge de vous le donner,
» car Paris ne fait rien pour le gouvernement, au
» contraire, et cependant le gouvernement fait beau-
» coup, et même trop, pour Paris. »

Là-dessus, laissez votre interlocuteur se mordre la langue jusqu'au sang, et retournez tranquillement à vos affaires, en attendant le jour du scrutin.

VII.

LES FONCTIONNAIRES DE LA COMMUNE.

Notre intention n'est pas de traiter ici du droit qu'a incontestablement tout fonctionnaire de voter suivant les inspirations de sa conscience. C'est là un droit, disons-mieux, c'est un devoir que les fonctionnaires partagent avec nous, car, en revêtant l'habit officiel, on n'abdique ni sa qualité de citoyen, ni surtout ses obligations d'honnête homme.

Nous nous proposons de ne parler ici que d'une classe spéciale de fonctionnaires, de ceux dont les attributions ne dépassent pas le territoire de la commune.

A tout seigneur, tout honneur : c'est par le maire qu'il faut commencer.

LE MAIRE. — Ce qui frappe tout d'abord dans les fonctions de maire, c'est qu'elles sont gratuites.

Les maires n'étant pas rétribués et rendant, sans être payés pour cela, à leurs concitoyens les nombreux services que ceux-ci attendent d'eux, il serait vraiment étrange que, non content de leur prendre leur temps, on voulût encore ravir leur indépendance. On ne saurait invoquer contre eux l'argument habituel, qui consiste à dire qu'un fonctionnaire ne doit pas faire d'opposition « au gouvernement qui le paie. » — Le maire n'est pas payé ; d'où il résulte que, bon ou mauvais ailleurs, l'argument tombe ici de lui-même ; il n'est pas applicable dans ce cas.

Mais les fonctions de maire ne sont pas seulement gratuites ; elles sont multiples et de deux natures différentes.

Le maire est à la fois, dans la commune, le représentant du pouvoir central, et le protecteur des intérêts municipaux.

Comme agent municipal, le maire est libre de toute attache avec le gouvernement ; comme tel, il n'a point d'ordres à recevoir de lui ; il n'est tenu qu'à une chose : bien administrer sa commune.

Comme représentant du pouvoir central, le maire est chargé de veiller à l'exécution des lois. Or, la loi électorale voulant que tout citoyen vote librement suivant sa conscience, il est clair que le maire n'a, aux jours d'élections, rien à faire que de présider avec impartialité aux opérations du scrutin, et d'assurer à chacun de ses administrés la pleine et entière liberté de son vote.

Dès qu'on sort de là, on est dans le faux ; on tombe dans l'absurde ; on ne fait que passer par la violence pour aboutir à l'impossible.

Aussi, les préfets qui demandent aux maires autre chose que de veiller à la sincérité du vote ; ceux qui prétendent que les maires sont coupables s'ils ne travaillent à assurer le succès du candidat officiel, prouvent qu'ils ne savent pas ce que c'est qu'un maire. Ce sont ces préfets-là qui méconnaissent leurs devoirs; et le devoir des maires est de résister énergiquement à toute pression de cette nature, à toute atteinte portée à leur indépendance. Porter atteinte à l'indépendance des maires, c'est, du même coup, porter atteinte au bon sens et à la loi.

L'Instituteur. — L'instituteur, lui, reçoit de l'État ou de la commune un traitement, traitement modique, mais pourquoi faire ?

Pour instruire les enfants, *et rien que pour cela.*

Vouloir, comme la manie s'en est introduite, mêler l'instituteur aux luttes électorales et le presser d'agir comme s'il était le subordonné politique de l'administration, c'est commettre à la fois une inconvenance et une imprudence.

Une inconvenance, car il ne faut demander à chacun que ce que son rôle, dans la société, lui assigne. Or, encore une fois, le rôle de l'instituteur est d'instruire les enfants, non de morigéner leurs parents.

Une imprudence, car le vent de la politique est changeant : il peut tourner subitement de l'est à l'ouest, du midi au nord, et, dans une nuit, jeter par terre tel député ou tel préfet qui, hier encore, était debout. Or, quelle sera, dans une commune, la situation de l'instituteur, si, pour plaire au recteur ou à l'inspecteur d'Académie, qui lui-même a voulu plaire au préfet, il s'est, le préfet tombé, mis à dos la majorité des habitants de la commune, ou seulement une minorité considérable de ceux-ci ? Sa position deviendra fausse, sa tâche difficile, son avenir précaire ; et peut-être, après une élection disputée à laquelle il aura eu le tort de prendre une part trop active, l'instituteur sera-t-il obligé, quoi qu'il lui en coûte, de demander un changement de résidence.

Le Garde-Champêtre. — C'est un fonctionnaire fort utile, et dont les communes se passeraient difficilement. Mais sa fonction, comme celle des commissaires de police et des gendarmes, est d'arrêter les malfaiteurs, non de conduire au scrutin les électeurs.

De même, le rôle des juges de paix est de rendre la justice ; celui des percepteurs, de toucher nos douzièmes de contributions ; celui des facteurs ruraux, de porter nos lettres. Les uns et les autres doivent s'en tenir là.

Les préfets ont tort quand ils oublient ces vérités élémentaires : ils manquent à leur devoir quand, pour faire du zèle, ils mettent un fonctionnaire quelconque dans le cas de manquer au sien.

A chacun son métier, dit le proverbe.

Le proverbe a raison. Il s'applique à tout le monde, depuis l'Empereur jusqu'au plus humble fonctionnaire, jusqu'au dernier des citoyens.

VIII.

ÉLECTEURS, NE CRAIGNEZ RIEN.

Tout ce que nous venons de dire roule autour d'un point essentiel. Le voici :

Il faut en finir une bonne fois, et tout de suite, avec les candidatures officielles.

On nous dira peut-être que ce conseil est plus facile à donner qu'à suivre, et que nous ignorons sans doute les inconvénients de toutes sortes, qui, dans les campagnes surtout, attendent les citoyens assez courageux pour refuser ostensiblement le bulletin du candidat de l'administration et pour en mettre un autre dans l'urne.

Non, nous n'ignorons rien de tout cela : dans les campagnes comme à la ville, nous avons vu plus d'une élection, et nous savons comment les choses se passent habituellement.

Mais, ici encore, nous disons que c'est par la faute des électeurs s'ils sont parfois victimes de vexations aussi odieuses qu'illégales. On vexe un homme ; on peut même, dans une commune, en vexer deux ou trois ; soyez dix, bien résolus, non certes à violer la loi, mais, au contraire, à la faire respecter en faisant respecter votre droit qui est de voter librement, — et tenez pour certain qu'alors on vous laissera parfaitement tranquilles. Alors, au lieu de chercher à vous intimider ; au lieu de vous dénoncer ; au lieu de vous menacer de procès-verbaux ou de dommages pour vous, pour vos enfants, pour vos neveux, pour vos amis, on respectera à la fois la dignité de votre caractère et la liberté de votre vote.

C'est à cela qu'il faut arriver, et on n'y arrivera qu'en faisant publiquement, ouvertement, courageusement, ce qu'on a coutume de faire timidement et en cachette ; qu'en disant tout haut ce que l'on pense ; qu'en répétant à qui voudra l'entendre qu'on ne votera pas pour le candidat officiel, et pourquoi on votera pour un autre (1).

Lorsque les électeurs en seront là, ils seront tranquilles partout; personne ne s'avisera plus de les inquiéter nulle part. Il n'y a pas plus de prisons et de procès-verbaux pour tout le monde, qu'il n'y a de faveurs pour la masse des sots qui se laissent prendre à de vaines promesses. Combien croient qu'on va les décorer, donner de l'avancement à leurs fils ou une place à tous leurs cousins s'ils votent et font voter leurs amis au gré de l'administration ! C'est seulement après coup qu'on s'aperçoit qu'il n'y a ni assez de croix d'honneur ni surtout assez de bureaux de tabac pour les gens naïfs et crédules qui ont, à tort, compté là-dessus.

En revanche, il y a dans la loi électorale un certain article 39, qu'on ignore généralement, et qu'il serait bon d'apprendre par cœur pour le réciter au besoin à ceux qui l'oublient, et qui est ainsi conçu :

« ARTICLE 39. — Ceux qui, soit par voies de fait,
» violences ou menaces contre un électeur, soit en lui
» faisant craindre de perdre son emploi ou d'exposer
» à un dommage sa personne, sa famille ou sa for-
» tune, l'auront déterminé à s'abstenir de voter, ou
» auront influencé son vote, seront punis d'un em-

---

(1) Il a été maintes fois établi, et, en dernier lieu notamment, par M. Buffet, dans la discussion du budget de 1870, que les candidatures officielles ne sont pas seulement préjudiciables aux intérêts du pays ; qu'elles sont un écueil pour le gouvernement lui-même. Celui-ci, en effet, lorsqu'il donne l'exclusion à un candidat au profit d'un autre, se fait non-seulement du candidat évincé mais de tous ses amis autant d'ennemis, qui, moins maltraités, auraient pu être ses auxiliaires.

« prisonnement d'un mois à un an, et d'une amende
« de cent francs à mille francs.

« La peine sera du double, si le coupable est fonc-
« tionnaire public. »

Vous entendez bien : la peine sera du double, c'est-
à-dire d'un emprisonnement de deux mois à deux ans
et d'une amende de deux cents francs à deux mille
francs, *si le coupable est fonctionnaire public*.

Ainsi donc, si le garde-champêtre de votre commune ou le commissaire de police de votre canton, ou
tout autre fonctionnaire plus haut placé se permet de
chercher à *influencer votre vote*, en vous *faisant craindre de perdre votre emploi*, ou d'exposer à quelque
dommage votre *personne*, votre *famille* ou votre *for-
tune*, — le coupable s'expose, rien que par là, à DEUX
MILLE FRANCS d'amende et à DEUX ANS de prison.

Qu'on se le dise ; et qu'après cela on vote partout
tranquillement et librement.

IX.

RÉSUMÉ ET CONCLUSION.

Terminons ici ces *Conseils*, et résumons-les en quelques mots :

1° Les prochaines élections générales sont la
grande affaire, qui, en ce moment, doivent préoc-
cuper les bons citoyens.

Il faut donc, si nous sommes mécontents de la
Chambre actuelle, chercher le moyen de nous en procurer une autre ;

2° Ce moyen n'est pas de nous abstenir de voter,

comme un trop grand nombre d'entre nous sont habitués à le faire.

Il faut donc, cette année, prendre tous la résolution de nous rendre au scrutin, quand il s'ouvrira. Il faut faire plus : en attendant qu'il s'ouvre, il faut que chacun de nous recommande et soutienne celui d'entre les candidats de la circonscription qui lui semble devoir faire le meilleur député;

3° C'est au régime des candidatures officielles qu'on doit attribuer les complaisances de la majorité actuelle pour une foule de choses et d'entreprises qu'elle blâme comme nous, sans oser le dire tout haut : Loi militaire, Mexique, Prusse, travaux de Paris, dépenses excessives, grosses armées et lourds impôts, traité de commerce conclu sans l'assentiment des représentants de la nation, etc., etc.

Il faut donc tout faire pour écarter les candidatures officielles ; pour obliger le gouvernement à renoncer à ce système, qui porte atteinte à la sincérité du suffrage universel et à l'indépendance du Corps législatif. Il faut nous entendre pour nommer partout des députés qui, sans vouloir renverser l'Empire, veuillent ce que nous voulons, c'est-à-dire un *contrôle* sérieux exercé sur les actes du gouvernement ;

4° Nous devons nous attendre à ce qu'il y aura, cette année, beaucoup de candidats, qui, sans être déclarés officiels, seront protégés et soutenus d'une manière occulte par l'administration.

Il faut nous méfier de ceux-là comme des autres, et, avant de voter pour eux, chercher quelles garanties ils nous donnent. Le rôle des préfets est d'administrer les affaires du département, non d'imposer, pas même *d'indiquer* aux Français les députés qu'ils doivent nommer : ceci ne regarde personne que nous ;

5° En général, et sauf exceptions, les candidatures multiples peuvent, plus facilement qu'une candidature unique, assurer le succès du candidat indépendant.

Il faut donc se rallier au système des candidatures multiples toutes les fois qu'un candidat ne se trouve pas indiqué par la voix publique comme pouvant, à lui seul, lutter avec chance de succès contre le protégé de l'administration ;

6° On ment — et l'exemple de ce que le gouvernement accorde chaque jour à la ville de Paris est là pour nous le prouver — lorsqu'on ose dire que les intérêts de notre commune ou de notre canton resteront en souffrance si nous votons pour le candidat indépendant.

Il faut donc voter pour le candidat indépendant. Il faut voter pour lui, d'abord parce que notre conscience nous dit de le faire, et aussi parce qu'il ne peut résulter de là aucun dommage ni pour notre commune, ni pour nous;

7° Les maires ont été créés pour gérer les affaires municipales et pour veiller dans leur commune à l'exécution des lois ; les instituteurs pour enseigner l'enfance ; les gardes-champêtres pour dresser procès-verbal contre les délinquants. Telle est leur fonction, et ils ne sauraient en avoir d'autres.

Il faut donc protester, et protester avec énergie, contre la tendance qu'ont les préfets à transformer en agents électoraux tous les fonctionnaires quel-

conques, et particulièrement les maires, les instituteurs, les gardes-champêtres ;

8° La loi électorale protège notre liberté ; elle
frappe de l'amende et de la prison ceux qui voudraient
y porter atteinte, *surtout* les fonctionnaires publics.

Il faut donc cesser de craindre qu'il nous arrive
malheur, à nous et aux nôtres, si nous combattons
le candidat officiel. Il faut nous comporter en con-
séquence, et, au lieu de nous laisser menacer, il faut
menacer nous-mêmes et poursuivre résolûment ceux
qui, au mépris de la loi, auraient l'audace de vouloir nous intimider.

Telles sont les règles à suivre ; tel est le devoir à
accomplir.

Et maintenant, toute la question se réduit à ceci :

Electeurs, est-il vrai, comme un fonctionnaire trop
zélé ou plutôt trop naïf a osé le dire un jour, qu'en
fait d'élection, nos préfets « *savent mieux que nous
ce qu'il nous faut.* »

Dans ce cas, il n'est pas besoin de nous déranger.
Prions l'Empereur de charger partout ses préfets de
nommer eux-mêmes nos députés, ou plutôt invitons
l'Empereur à supprimer le Corps législatif, et à
mener la France à lui tout seul : ce sera à la fois
plus économique et plus simple.

Croyons-nous, au contraire, que le suffrage universel n'est pas un vain mot ; que l'élection n'est pas
une simple formalité ; qu'un Corps législatif librement et sérieusement élu peut exercer une influence
salutaire sur la marche des affaires, empêcher des

guerres étourdies, s'opposer à des entreprises ruineuses, opérer des économies, mettre de l'ordre dans
nos finances, couper court aux abus d'un gouvernement trop personnel et faire que la France appar-
tienne aux Français ?

Alors, il n'y a pas à hésiter. Marchons, votons,
et ne craignons rien.

L'accord, devant le scrutin, de tous les citoyens
qui sont d'avis que c'est à eux, non à l'administration, que revient le droit de nommer leurs députés,
pourra seul nous donner le contraire de ce que nous
avons, c'est-à-dire un Corps législatif qui, à l'occa-
sion, sache faire voir qu'il a, comme nous, des droits
et une volonté.

Où nous mènent les Candidats officiels, par M. HENRI MERLIN.—Feuille in-4°...................................... 10 c.

Les Maires de villages aux prochaines Elections, par M. MARION .... 15 c.

Exhortations électorales d'un Paysan à ses pairs, par M. EDOUARD FLORY.—In-18 .... 30 c.

Toutes les Libertés se tiennent, par ALPH. JOBET.—In-8°.
25 cent.

Le Paysan agricole est ce qu'il devrait être, par M. F. DE LASTEYRIE.—In-8°.................................. 1 fr.

Réponse d'un Electeur à un ancien Constituant, par M. A. GAULIER.—In-8°................................... 1 fr.

Manuel des Réunions publiques, non-politiques, publiques électorales, électorales privées, par MM. ROUSSELLE et LIMOUSIN. —In-12... 1 fr.

Les Réunions publiques et les Elections prochaines, par M. DE PRESSENSÉ.—In 12 .... 50 c.

Le Bilan de l'Empire, par M. J. HORN.—In-18..... 40 c.

Salut au 3me Milliard, par le même.—In-8°........ 1 fr.

Les Déficits (1852—1868), par M. ALLAIN-TARGÉ .... 1 fr.

L'impôt et son Emploi, *expliqués par demandes et réponses* (Catéchisme du Contribuable), par M. E. ISAMBERT.—In-32 .... 40 c.

Politique du Grand Livre. (*Aux* 1,100,000 *rentiers. Le nouvel Emprunt et la*), par M. ACHILLE MERCIER.—In-8° 1 fr.

La Marée montante. Etude budgétaire, d'après les documents du Livre bleu, par le même.— In 8°............ 50 c.

Où en est le Crédit foncier ? Lettre à MM. les députés au Corps législatif, à propos du traité provisoire passé entre la ville de Paris et le Crédit foncier.—In-18.............. 50 c.

Le Paysan aux Elections de 1869, par M. BAUDRY. — In-12.. 1 fr.

Aux Electeurs, le droit de Suffrage et ses conséquences.—In-18.. 50 c.

Les Elections prochaines, par M. DE JOUVENCEL.—In-8°. 50 c.

Des Elections prochaines, par M. DE FALLOUX.—In-8°. 1 fr.

Les Candidatures officielles, par M. A. DE BROGLIE. — In-8°... 30 c.

Le Corps législatif, le Mexique et la Prusse, par M. A. DE BROGLIE.—In-8°.......................... 30 c.

Les Finances et le Monopole des Tabacs, par M. le baron DE JANZÉ.—In 8°............................. 1 fr. 25

Biens de la Maison d'Orléans. — (Décrets du 22 janvier 1852.) Défense du droit de propriété ; *Pétition au Sénat*, par M. DEGOUVE DENUNCQUES.—In 8°..................... 1 fr.

NOTA.— *Chacune de ces brochures est envoyée franco contre timbres-poste.*

Paris.—Typogr. de P. Brieux, 257, rue Saint-Honoré.